BAC DE FRANÇAIS
2023

MARGUERITE DURAS

L'Amant

Fiche de lecture

© Bac de français.

1 rue Honoré - 93500 Pantin.

ISBN 978-2-38509-093-7

Dépôt légal : Janvier 2023

*Impression Books on Demand GmbH
In de Tarpen 42*

22848 Norderstedt, Allemagne

SOMMAIRE

- Biographie de Marguerite Duras.................................. 9

- Présentation de *L'Amant*.. 13

- Résumé du roman.. 17

- Les raisons du succès.. 23

- Les thèmes principaux... 29

- Étude du mouvement littéraire..................................... 37

- Dans la même collection.. 43

SOMMAIRE

- Biographie de Marguerite Duras.................................. 9

- Présentation de *L'Amant*.. 13

- Résumé du roman... 17

- Les raisons du succès.. 23

- Les thèmes principaux... 29

- Étude du mouvement littéraire.................................. 37

- Dans la même collection.. 43

BIOGRAPHIE DE MARGUERITE DURAS

Marguerite Duras, de son vrai nom Marguerite Germaine Marie Donnadieu naît le 4 avril 1914 dans la région du Cochinchine au Viêt Nam de parents instituteurs français. Séduits par la propagande, tous deux tentent une nouvelle vie dans les colonies françaises. Le père de Marguerite Duras meurt quand elle n'a que cinq ans. La mère, quant à elle, reste et s'installe à Saigon avec ses trois enfants, le fils aîné, Pierre, la benjamine, Marguerite, et le cadet, Paul.

En 1932, Marguerite obtient son baccalauréat et part pour la France afin de faire des études de droit. Cette même année, elle rencontre Robert Antelme, poète et résistant français, qu'elle épouse en 1939. L'année suivante, elle tombe enceinte et accouche d'un enfant mort-né ; quelque mois après, son jeune frère Paul meurt à vingt-sept ans, en Indochine.

Elle publie son premier roman en 1943, *Les Impudents*, et participe à la vie littéraire parisienne. Le pseudonyme de Marguerite Duras apparaît dès cette première publication. La même année, elle rejoint le réseau de résistants dirigé par François Mitterrand avec son époux. En 1944, les époux Antelme sont découverts par la Gestapo, Marguerite Duras, avec l'aide de François Mitterrand, réussit à s'échapper, mais son mari est déporté en camp de concentration. En 1944, elle publie son deuxième roman *La Vie tranquille*. À la Libération en 1945, son époux est ramené en France, vivant mais moribond.

Après son divorce en 1947, Marguerite Duras se marie avec Dionys Mascolo, auteur, résistant et ami de Robert Antelme, avec qui elle a un enfant. À cause de la guerre en Indochine, sa mère est obligée de revenir en France en 1950. Cette même année, Marguerite Duras connaît son premier vrai succès avec son roman autobiographique : *Un barrage contre le Pacifique*, qui est nommé pour le prix Goncourt, mais ne l'obtient pas.

La mère de Marguerite Duras meurt en 1957. Cette même année, René Clément adapte *Un barrage contre le Pacifique* au cinéma. Puis, d'écrivain, Marguerite Duras devient scénariste : *Hiroshima mon amour* (1958) et *Une aussi longue absence* (1958), puis dramaturge avec *Des journées entières dans les arbres* créée à Odéon-Théâtre de France. Après son engagement auprès des étudiants en mai 1968, Marguerite Duras, insatisfaite des adaptations cinématographiques de ses œuvres littéraires, s'improvise réalisatrice et tourne *Détruire* en 1969. Elle enchaîne ensuite avec *Nathalie Granger* et fait de la réalisation son nouveau métier.

En 1980, après avoir été hospitalisée pendant cinq semaines, Marguerite Duras se noue d'amitié avec l'un de ses admirateurs, Yann Lemée, qui deviendra son compagnon. Les déboires de Marguerite Duras avec l'alcool ne décroissent pas. Il devient son assistant, car elle ne peut plus écrire. C'est de cette collaboration que naît *L'Amant* en 1984, grand gagnant du prix Goncourt, qui consacre Marguerite Duras comme un des plus grands écrivains du XXe siècle.

Voulant découvrir de nouveaux talents, elle s'allie aux éditions P.O.L., mais après avoir fait publier trois auteurs, elle abandonne son projet en raison de désaccords avec la maison d'édition. Elle multiplie les séjours à l'hôpital. Claude Berri entreprend une adaptation cinématographique de *L'Amant*, sa collaboration avec Marguerite Duras est interrompue par ses problèmes de santé. Insatisfaite du travail effectué par le réalisateur, elle écrit une nouvelle version de *L'Amant*, qui est déjà une réécriture d'*Un barrage contre le Pacifique*, afin de corriger les éléments biographiques que Claude Berri n'a pas respectés. Ce nouvel opus s'intitule *L'Amant de la Chine du Nord* (publié en 1991).

Elle meurt le 3 mars 1996 à l'âge de quatre-vingt deux ans. Elle est enterrée au cimetière du Montparnasse.

PRÉSENTATION DE L'AMANT

1984 est une année glorieuse pour Marguerite Duras : elle obtient avec *L'Amant* le prix Goncourt qui lui avait échappé avec *Un barrage contre le Pacifique* et ce chef-d'œuvre, qui l'intronise comme l'un des plus grands écrivains du XXe siècle, est traduit dans une quarantaine de langues. C'est un succès mondial.

Le lecteur, pourtant, n'est pas étranger à L'Amant, ce Chinois de la Chine du nord, millionnaire maigre à la limousine noire, qui tombe passionnément amoureux d'une jeune fille blanche, française, au chapeau d'homme. Ce n'est pas la première fois que le lecteur se heurte à la mère, à sa folie ; Don Quichotte de l'océan, elle lutte contre l'avancée du Pacifique sur la concession. *L'Amant* est la réécriture d'*Un barrage contre le Pacifique*, la volonté de l'auteur de corriger un premier jet, de lui retirer ce semblant d'assurance qu'elle lui a donné dans un souci d'authenticité et de spécifier au lecteur que les souvenirs sont parfois entremêlés de doutes et d'imagination.

Marguerite Duras reprend tout depuis le début, se remémore les instants de sa vie, les événements qui ont marqué son existence en Indochine, de ses 16 ans jusqu'à cette année, 1984, date de la publication aux Éditions de Minuit. Se remémorer, l'acte de se souvenir devient l'objet de l'écriture au même titre que son passé.

« Elle a toujours écrit en épurant de plus en plus : chaque fois un peu moins de mots et un peu plus de silences, un peu moins de *cantabile* et un peu plus de *moderato*. Elle a toujours vécu en ajoutant sans retrancher. » (Claude Roy, *Nous*, Gallimard, 1972)

RÉSUMÉ DU ROMAN

Au moment où elle écrit cette biographie, Marguerite Duras, auteure et narratrice, a le visage dévasté. Elle fut jeune jusqu'à l'âge de 18 ans et vieillit à 19 ans, d'un seul coup.

À quinze et demi, elle passe le Mékong sur un bac, les images de sa pension d'État à Saigon en tête. Sa mère voulait le meilleur pour elle et ses frères, l'un d'eux, l'aîné et le préféré, est allé étudier à Paris. La mère a acheté une concession.

Marguerite Duras a écrit ce livre pour éclaircir certaines zones d'ombres de sa vie qu'elle n'a pas mentionnées dans *Un barrage contre le Pacifique*.

À quinze ans, elle a le visage de la jouissance sans la connaître, de même pour l'alcool. Elle traverse le Mékong avec la peur au ventre, sa mère l'a accompagnée et elle porte une robe décolletée et presque transparente qui n'allait plus à sa mère. Elle porte un feutre, un chapeau d'homme. Elle se souvient de deux photographies, l'une représentant son fils et l'autre sa famille. Son père est mourant et la mère vient d'acheter la concession, malgré tout, alors qu'ils n'en avaient pas besoin.

À l'arrivée du bac, il y a une limousine qui attend. Le passeur lui demande des nouvelles de sa mère, elle va bien. Sa mère lui fait honte, elle se comporte comme elle pense que les occidentaux doivent se comporter, mais elle se trompe. Elle aime son feutre. C'est deux ou trois ans après ce jour-ci qu'elle rencontre l'homme à la limousine. Et un an après cette rencontre, Marguerite Duras et sa mère rentreront en France.

Son petit frère est mort d'une pneumonie en 1942. Sa mère est restée à Saigon de 1932 à 1949. En 1947, Marguerite a un fils.

Son frère ainé n'a jamais su gagner sa vie. La mère, rentrée en France, a acheté un château. Elle a peur de la nuit, un soir que tous dormaient, elle entendit un oiseau dans le bureau de son époux, et c'est ainsi qu'elle sut qu'il était mort.

L'homme de la limousine avait peur bien avant de se présenter à elle, elle le sait. Elle monte dans la limousine et à partir de ce jour fera le trajet de la pension à son lycée en limousine. Un jour, il l'emmène dans sa garçonnière et lui déclare son amour. Elle ne l'aime pas et veut qu'il fasse comme avec les autres femmes et les prostituées. Il la déshabille et font l'amour plusieurs fois, et entre ces fois ils discutent, ils pleurent, elle lui raconte l'histoire de sa famille et le lien qui existe entre sa mère et elle.

Ils partent de la garçonnière et vont dans un restaurant, elle le questionne sur sa richesse. À chaque rencontre, ils parlent du quotidien, pas d'avenir. Il a douze ans de plus qu'elle et ça lui fait peur. Elle veut le présenter sa famille. Il les emmène dans un restaurant luxueux, ils ne parlent pas. Le Chinois tente de leur parler, mais ils ne répondent pas.

Elle était en France quand son frère est mort en 1942. Elle accuse son frère aîné de l'avoir tué. Un jour, sa mère découvre la relation qui unit Marguerite au Chinois, son frère aîné encourage sa mère à la battre.

La maison était sur pilotis et lavée à grandes eaux. Son cadet et elle jouaient souvent ensemble, c'était des enfants rieurs. Le Chinois avait peur d'être découvert à cause du jeune âge de Marguerite et qu'elle tombe amoureuse d'un autre homme. Pendant la guerre, elle côtoyait Marie-Claude Carpentier et Betty Fernandez, deux étrangères à Paris.

La pension veut avertir sa mère de ses absences répétées, elle dort dans la garçonnière du Chinois. La mère vient et demande à la directrice de lui donner un peu de liberté, celle-ci accepte car elle est blanche.

Hélène Lagonelle a dix-huit ans et vit dans la même pension, Marguerite fantasmait sur elle, elle aurait aimé voir le Chinois la prendre elle aussi dans la garçonnière.

Son frère était un petit voleur, un petit joueur qui perd

toujours, un escroc de bas étage. Son premier emploi, il l'a eu à cinquante ans. Il est mort seul, et a été enterré dans la même tombe que sa mère, le fils préféré.

Le père du Chinois est malade. Le Chinois supplie son père de le laisser voir encore l'enfant blanche, son père le refuse.

Il fait noir, il y a une panne d'électricité, Marguerite rentre dans sa pension, une femme court derrière elle, une folle qui vit la nuit. La femme est partout.

On dit à Sadec que la Dame, ici, et son mari, à Vinhlong, se sont tués d'une balle dans le cœur. Sa fille se fait caresser le corps par un Chinois millionnaire. Elle est seule dans la cour, la limousine vient et elle entre à l'intérieur, elle l'emmène à la garçonnière, puis la ramène à la pension le soir.

La mère la prévient : tout se sait et elle ne pourra pas se marier ici. Le déshonneur. Est-ce qu'elle l'aime ou est-ce pour l'argent ? La fille répond que c'est pour l'argent.

La mère prend toujours des photographies de ses enfants pour voir comment ils grandissent, jamais de paysage. Ensuite, elle les montre à ses cousines.

Le Chinois ne la considère plus comme une femme, mais comme une enfant. Ils ne parlent plus et Marguerite va bientôt quitter l'Indochine pour la France. Elle était en France quand son jeune frère est mort à vingt-sept ans, elle crut mourir et comprit ce qu'était la mort.

Elle part, la limousine est là en retrait. Elle ne pleure pas sur le ponT, mais elle est triste de le quitter.

Lui, de son côté, s'est marié à sa promise, une Chinoise du même âge que Marguerite.

Ils sont venus en France, elle avait déjà publié et le frère était mort. Il lui a téléphoné et a déclaré de nouveau son amour. Il l'aime encore et l'aimera toujours.

LES RAISONS
DU SUCCÈS

Le succès de *L'Amant* de Marguerite Duras a été amplifié par plusieurs phénomènes autour de son livre. Le premier est d'abord la notoriété que l'auteur avait acquise avant la date de publication de *L'Amant*, en 1984. Marguerite Duras est connue du milieu littéraire et du grand public : elle avait déjà publié 21 titres en l'espace de 41 ans. Plusieurs d'entre eux avaient reçu des prix, notamment le prix de Mai pour *Moderato cantabile*, et *Un barrage contre le Pacifique*, l'hypotexte de *L'Amant*, faisait partie des nommés au prix Goncourt.

« Marguerite Duras ranime les vieilles craintes de Platon devant le poète », « elle irrite ou effraie, fascine ou déconcerte et, dans tous les cas, fait violence, contre tout ordre et toute raison donnant à l'instinct sa chance et au désordre sa raison ».

Le deuxième phénomène se manifeste à la rentrée littéraire française au moment de la désignation des œuvres primées. *L'Amant* reçoit en 1984 le prix Goncourt c'est-à-dire le prix littéraire le plus reconnu de la profession et du public. Elle reçoit en 1986, soit deux ans plus tard, le prix Ritz-Paris-Hemingway qui récompense le meilleur roman international publié en langue anglaise. En effet, le succès de *L'Amant* est tel qu'il se vend en quelques mois à plus de trois millions d'exemplaires sur un premier tirage et est traduit dans une quarantaine de langues différentes. Elle a été l'un des écrivains vivants les plus lus de son siècle.

« C'était plus qu'une écrivaine : elle incarnait l'écriture. Borges : c'était l'érudition. Balzac : c'était la volonté. Hugo : c'était l'aisance et la manie de tout dire. Mais il y avait chez Marguerite Duras cette fureur poétique, pour parler comme les Anciens, cette foi en l'écriture – et peu importe où elle menait – qu'on n'avait encore jamais vue chez personne, et qui lui permettait d'avouer, confiante, tremblante : la solitude, ça veut dire aussi : Ou la mort, ou le livre. »

(Laurent Nunez dans un dossier consacré à l'écrivain pour *Le Magazine littéraire*)

Le troisième et dernier phénomène qui a participé au succès du livre *L'Amant* est la réalisation par Jean-Jacques Annaud d'une adaptation cinématographique du livre. Le film sort sur les écrans en 1992 et fait polémique. Marguerite Duras ne le reconnait pas, le réalisateur n'ayant pas suivi ses directives. Ce qui provoque la réécriture du livre : *L'Amant de la Chine du Nord*. Pourtant, le film remporte le César de la meilleure musique écrite pour un film en 1993 et est nommé pour six autres prix dont le César du meilleur film étranger et l'Oscar de la meilleure photographie la même année. Jean-Jacques Annaud reçoit le prix de la critique japonaise, et est élu meilleur metteur en scène et *L'Amant* meilleur film en 1992. Le film a réalisé 3 156 124 entrées en France et a connu un succès international.

Marguerite Duras appartient à cette génération d'écrivain baptisée Nouveaux romanciers. Dans les années 1950, le roman subit une grave crise identitaire. Les écrivains de l'époque, tels Nathalie Sarraute, Alain Robbe-Grillet ou Michel Butor, se lancent dans une recherche ayant pour but le renouvellement du genre romanesque en réaction au roman traditionnel incarné par le roman balzacien. Il n'était plus possible par la suite de concevoir un roman linéaire, suivant les aventures d'un personnage principal. Le roman est alors perçu comme un ensemble, un système ayant sa propre cohérence, un roman du roman, un roman du langage. *L'Amant* est l'un de ces derniers romans, un roman tardif du nouveau roman.

D'un côté, il respecte certains critères donnés par Nathalie Sarraute dans *L'Ère du soupçon* : une intrigue parcellaire, non linéaire et non chronologique ; les événements ne s'enchaînent pas de manière logique et causale puisqu'il suive le fil de sa pensée, et de l'autre il approfondit des thèmes ou des techniques reniées par le nouveau roman, mais pris sous un angle nouveau : l'approfondissement des personnages autobiographiques et non typiques, un discours discuté par le locuteur lui-même, l'intrusion permanente du narrateur omniprésent et des descriptions ornementales et symboliques. Le lecteur est charmé par la sincérité de l'auteur ainsi que par la complexité des sentiments amoureux vécus lors de cette relation extraordinaire et romantique.

« Je crois que l'amour va toujours de pair avec l'amour, on ne peut pas aimer tout seul de son côté, je n'y crois pas à ça, je ne crois pas aux amours désespérées qu'on vit solitairement. Il m'aimait tellement que je devais l'en aimer, il me désirait tellement que je devais l'en désirer. Ce n'est pas possible d'aimer quelqu'un à qui vous ne plaisez pas du tout, que vous ennuyez, totalement, je ne crois pas à ça. » (*La Vie matérielle : Marguerite Duras parle à Jérôme Beaujour* (entretien), 1994)

Nombreux sont les écrivains contemporains qui revendiquent l'influence de Marguerite Duras sur leur écriture, dont des auteurs d'autofiction comme Christine Angot : « Je ne suis pas autant intimidée par Duras ou Proust que par Céline. Voilà quelqu'un qui parle sa langue. Duras, ce qui est bien, c'est qu'elle ne s'emmerde pas. Dans *C'est tout*, dans *Emily L...* Ce que j'aime aussi, c'est qu'elle a fait en sorte qu'on se demande toujours si elle est un écrivain ou pas. »

LES THÈMES
PRINCIPAUX

Se souvenir, terme de nature verbale, est une action de l'esprit qui consiste à puiser dans sa mémoire les produits d'une vie passée. Cette action qui induit tout un processus d'activation et de réalisation de l'action s'effectue en plusieurs étapes et, notamment, à partir d'un objet qui suscite l'intervention de la mémoire. Marguerite Duras, à plusieurs reprises, mentionne explicitement le fait qu'elle est en train de se souvenir : « C'est une robe dont je me souviens [...] Je ne me souviens pas des chaussures que je portais ces années-là mais seulement de certaines robes. » L'objet activateur du souvenir est ici la robe, elle se souvient de la robe, mais pas des chaussures. Le motif des chaussures est par conséquent exclu de la mémoire. La décision d'écrire une autobiographie participe du fait que Marguerite Duras active sa mémoire volontairement et consciemment.

Savoir être en train de se souvenir induit nécessairement la conscience ou la possibilité de l'échec de cette action, il est possible de ne pas se souvenir à cause d'un défaut de la mémoire, ou bien tout simplement parce que l'événement ou le détail est tombé dans l'oubli au moment même où la personne est en train de vivre l'événement ou est en présence du détail. Marguerite Duras étant consciente d'être en train de se souvenir, elle est également consciente d'être témoin de l'oubli de sa propre vie : « Comment [le chapeau] était arrivé jusqu'à moi, je l'ai oublié. Je ne vois pas qui me l'aurait donné. » La défaillance de sa mémoire peut, il est vrai, être due à son âge avancé. Cependant, bien que l'oubli soit l'antonyme du souvenir, l'oubli fait aussi partie du processus du souvenir. L'oubli, c'est ce qui donne de la valeur aux souvenirs. Le chapeau, plus que sa provenance, est révélateur de l'identité de Marguerite Duras ; le chapeau d'homme exprime l'originalité de sa personnalité. C'est un symbole.

Le souvenir peut être provoqué de manière furtive, le temps

d'une image, d'un instant, où être l'objet d'un véritable culte, puisque le souvenir prolongé de Marguerite Duras influence toutes ses actions et notamment sa sexualité : « Lorsque je suis partie, lorsque je l'ai quitté, je suis restée deux ans sans m'approcher d'aucun autre homme. Mais cette mystérieuse fidélité devait être à moi-même. » L'abstinence sexuelle de Marguerite Duras est une sorte d'hommage à l'amant de la Chine du Nord. Elle permet de maintenir le souvenir en mémoire, de le garder présent et de se l'approprier au maximum (« cette mystérieuse fidélité devait être à moi-même »). Marguerite Duras est volontairement hantée par le souvenir du Chinois, le passé agit sur le présent.

L'image est à la fois le résultat de l'action de se souvenir et le souvenir lui-même, c'est l'évocation du passé de manière figurée à travers le filtre de la mémoire. Marguerite Duras utilise le symbole de la photographie pour évoquer matériellement le souvenir : « Je la reconnais mieux là que sur des photos plus récentes. C'est la cour d'une maison sur le Petit Lac de Hanoi. Nous sommes ensemble, elle et nous, ses enfants. J'ai quatre ans. Ma mère est au centre de l'image. » Regarder une photographie consiste à mettre devant ses propres yeux une scène du passé. La photographie est l'intrusion du passé dans le présent. Elle fixe et immobilise un instant, comme la mémoire inscrit l'image dans notre inconscient. Il suffit de prendre la photographie, de la sortir de son rangement pour provoquer en nous le souvenir. Elle est à la fois une mise en abyme du souvenir et un objet évocateur du souvenir.

Le souvenir évoqué surgit de la mémoire de manière aléatoire. Comme Marguerite Duras provoque le souvenir pour mieux le saisir, elle ressasse le passé et, par conséquent, en reproduisant fidèlement sur le papier le processus de l'action de se souvenir, elle répète plusieurs fois les mêmes scènes et s'attache aux mêmes détails : « Que je vous dise, j'ai quinze ans et demi. C'est le passage d'un bac sur le Mékong », et plus loin dans le texte : « Quinze ans et demi, c'est la traversée du fleuve », et encore plus loin : « Sur le bac, regardez-moi, je les ai encore. Quinze ans et demi. » Le lecteur assiste au mouvement de l'esprit de Marguerite Duras, à son ressassement, à ses blocages. Cependant, les phrases étant chacune l'expression des variations d'un même souvenir, il est possible que Marguerite Duras veuille rendre compte de la réalité de plus en plus précisément pour être fidèle au passé.

Aussi Marguerite Duras peint-elle son portrait en pointillé : « Entre dix-huit et vingt-cinq ans mon visage est parti dans une direction imprévue », plus loin : « Je porte une robe de soie naturelle, elle est usée presque transparente », plus loin encore : « Ce qu'il y a ce jour-là c'est que la petite porte sur la tête un chapeau d'homme », puis « sous le chapeau d'homme, la minceur ingrate de la forme, ce défaut de l'enfance est devenue autre chose », « Je pourrais me tromper, croire que je suis belle comme les femmes belles, comme les femmes regardées parce qu'on me regarde vraiment beaucoup », puis finalement « le corps est mince, presque chétif, des seins d'enfants encore, fardée en rose pâle et en rouge ». Le portrait apparait au goutte à goutte, progressivement, il ne se dévoile pas d'un seul coup, en un unique bloc. Marguerite Duras s'attarde sur des détails, les décrit, approfondit chacun d'entre eux, nuance puis passe à autre chose, comme un regard se déplaçant sur une toile.

L'Amant, bien qu'étant un texte narratif, est en réalité un discours permanent, un monologue intérieur. La totalité du texte est en discours direct libre, c'est-à-dire que Marguerite Duras parle à la première personne et que son discours, bien qu'il ne soit pas marqué par des indicateurs du type « je suis en train de parler » ou « vous dis-je », s'adresse directement au lecteur. Le monologue intérieur de *L'Amant* s'apparente au « stream of conciousness » de Virginia Woolf, il suit le rythme et les aléas de la pensée du locuteur : « L'histoire de ma vie n'existe pas. Ça n'existe pas. Il n'y a jamais de centre. Pas de chemin, pas de ligne. » L'acte de se souvenir n'induit pas une linéarité parfaite et artificielle, l'architecture de l'œuvre suit le mouvement naturel de la pensée et cette pensée, à cause des différents souvenirs qui surgissent, tous à la fois, les uns après les autres ou de manière répétée, possède la cohérence interne de l'auteur, Marguerite Duras. Ce n'est pas une histoire, parce que l'écriture ne suit pas les règles qui la construisent.

La démarche de Marguerite Duras est véritablement ambiguë, elle exclut le terme d'histoire (dans le sens d'intrigue) de ses critères de création littéraire et y substitue le terme de roman : « Je veux écrire. Déjà je l'ai dit à ma mère : ce que je veux c'est ça, écrire. Pas de réponse la première fois. Et puis elle demande : écrire quoi ? Je dis des livres, des romans. » Selon les règles du XIXe siècle, le genre du roman implique nécessairement une histoire. Le nouveau roman apporte un renouveau, l'intrigue est à bannir et le terme de roman ne revêt plus les mêmes propriétés. *L'Amant* est avant tout une autobiographie, mais il est aménagé avec indifférence selon l'esthétique du nouveau roman qui s'applique avant tout à la fiction. L'objet de l'écriture est secondaire par rapport à sa forme réglée, ici la valorisation de l'acte de se souvenir, l'histoire ayant déjà été racontée dans *Un barrage contre le Pacifique*.

La nature du souvenir et son éloignement dans le temps peuvent le rendre approximatif : « Elle était américaine, elle était, je crois me souvenir, de Boston. » Marguerite Duras exprime cette approximation par le verbe croire qui laisse entendre au lecteur qu'elle ignore la véracité de son propos, mais que ce propos n'est pas pour autant faux.

A contrario, ses souvenirs sont le plus souvent exprimés à l'affirmatif : « Marie-Claude Carpenter écoutait beaucoup, elle s'informait beaucoup, elle parlait peu, souvent elle s'étonnait que tant d'événements lui échappent, elle riait. » L'imparfait indique les habitudes de Marie-Claude Carpenter. Si ce temps ne précise pas un instant, mais une série d'instants, c'est sans doute parce que Marguerite a voulu exprimer non pas une scène en particulier, mais des caractéristiques liées au comportement de cette femme.

La rétrospection et surtout le ressassement qu'elle infère, étant donné le passé d'écrivain de Marguerite Duras, peut conduire à des corrections : « Dans les histoires de mes livres qui se rapportent à mon enfance, je ne sais plus tout à coup ce que j'ai évité de dire, ce que j'ai dit, je crois avoir dit l'amour que l'on portait à notre mère, mais je ne sais pas si j'ai dit la haine qu'on lui portait aussi et l'amour qu'on se portait les uns les autres et la haine aussi. » À force d'évoquer ses souvenirs, Marguerite Duras ignore quels sont les aspects de sa vie qu'elle aura pu révéler à son lectorat. Le ressassement, par la multiplication des souvenirs évoqués ou non de manière chaotique, crée une confusion non pas du passé raconté, mais du passé de l'énonciation c'est-à-dire des situations dans lesquelles elle racontait son discours, car focalisée sur le discours et l'acte de dire, elle a oublié les aspects dévoilés à tel ou à tel locuteur et dans quelles situations.

La mémoire filtre les souvenirs, elle les personnalise. Deux personnes ayant assisté à un même événement n'aura pas le même souvenir de cet événement. Le travail de mémorisation de Marguerite Duras dépend de sa subjectivité, de son humeur du moment, de son caractère propre, de son âge, de la situation dans laquelle elle se trouve. C'est le cas pour cette anecdote : « Tout en courant je me retourne et je vois. C'est une très grande femme, très maigre, maigre comme la mort et qui rit et qui court. Elle est pieds nus, elle court après moi pour me rattraper. Je la reconnais, c'est la folle du poste, la folle de Vinhlong. […] La peur est telle que je ne peux pas parler. » Marguerite Duras a alors huit ans et n'aura jamais eu autant peur. Cette figure de la mort qui court est vécue comme un cauchemar par Marguerite Duras. La comparaison « maigre comme la mort » est purement subjective ; Marguerite Duras a peur de cette femme parce qu'elle lui rappelle la mort. Tout autre personne aurait pu la comparer à un autre souvenir, effrayant ou non.

Au-delà du souvenir, c'est l'imagination qui prend le relai : « Elles auraient dû être du même âge toutes les deux, seize ans. Cette nuit-là avait-elle vu pleurer son époux ? Et, ce voyant, l'avait-elle consolé ? Une petite fille de seize ans, une fiancée chinoise des années trente pouvait-elle sans inconvenance consoler ce genre de peine adultère dont elle faisait les frais ? Qui sait ? » Marguerite Duras emploie le conditionnel présent pour marquer l'entrée du texte sur un plan hypothétique, « auraient dû », puis elle poursuit son interrogation à partir de verbes à l'imparfait, « l'avait-elle », « pouvait-elle » qui nuancent son opinion sur le fait que le Chinois eût réagi ainsi. Par le changement de temps, Marguerite Duras nous oriente vers une probabilité plus forte. La forme interrogative démontre que Marguerite Duras ignore comment s'est déroulée la nuit de noce du couple chinois, mais elle est certaine que le Chinois de la Chine du Nord, en comparaison avec ses rencontres avec Marguerite Duras, a mal vécu cette nuit-là.

ÉTUDE DU MOUVEMENT LITTÉRAIRE

Dans les années 1950 jusque dans les années 1970 sévit dans le milieu littéraire l'esthétique du nouveau roman mené par un chef de file, Alain Robbe-Grillet. Dès son premier ouvrage, *Les Gommes* (1953) publié aux Éditions de Minuit, puis avec *La Jalousie* (1957), Alain-Robbe Grillet impose sa vision du roman, un roman dont il renouvelle le genre en s'opposant au roman balzacien, linéaire, à l'architecture prévisible et bourgeois dans le traitement de l'intrigue, des personnages, des idées et du réalisme.

« Le roman enseigne à regarder le monde non plus avec les yeux du confesseur, du médecin ou de Dieu mais avec ceux d'un homme qui marche dans la ville sans d'autre horizon que le spectacle, sans d'autre pouvoir que celui-là même de ses yeux. » (Michel Butor)

L'intitulé nouveau roman s'impose définitivement en 1963 avec la publication par Alain-Robbe Grillet du Manifeste du mouvement *Pour un nouveau roman*. L'expression, pourtant d'origine péjorative, apparaît pour la première fois dans un article d'Emile Henriot, académicien, dans le journal *Le Monde* le 22 mai 1957 afin de qualifier cette littérature, en l'œuvre de *La Jalousie*, qu'il estime être faussement novatrice : « Entre contrepartie de ses lieux communs, où sont les remous annoncés ? », « Ce sont des livres comme celui-là, *La Jalousie*, qui finiront par tuer le roman en dégoûtant le lecteur. »

Jérôme Lindon, directeur des Éditions de Minuit de 1948 jusqu'à sa mort, joue un rôle considérable dans l'édification et la promotion du nouveau roman. En effet, Jérôme Lindon s'attache à publier des livres dans une ligne avant-gardiste : d'abord en publiant *Molloy* de Samuel Beckett, puis *En attendant Godot* du même auteur. En 1953, Alain Robbe-Grillet rejoint les Éditions de minuit, suivi par Claude Simon (*L'Herbe*, 1958 ; *La Route des Flandres*, 1960), Nathalie

Sarraute (*Le Planétarium*, 1959 ; *Les Fruits d'or*, 1963), Michel Butor (*La Modification*, 1957 ; *Degrés*, 1960) et plus tard, Marguerite Duras.

Les nouveaux romanciers s'inspirent d'auteurs modernes, remarqués par leur sens de la création : Joyce qui par son *Ulysse* libère l'intrigue, le récit de linéarité ; Kafka qui met en scène des personnages vides et oppressés par la société dans *Le Procès* ou *Le Château* ; Huysmans qui dans son roman *À rebours* annule définitivement la nécessité d'avoir une intrigue ; et d'autres encore tels William Faulkner, Virginia Woolf (et son « stream of conciousness »), Marcel Proust et Dostoïevski.

Ils ont la volonté de rendre pleinement compte de la réalité avec notamment des techniques nouvelles, comme celle de la liste ou de la description objective : Alain Robbe-Grillet s'intéresse au monde et aux objets, Nathalie Sarraute à la pensée et aux sentiments, aux signes et aux relations sociales chez Michel Butor.

« Autour de nous, défiant la meute de nos adjectifs animistes et ménagers, les choses sont là. » (Alain Robbe-Grillet, *Pour un nouveau roman*, 1963)

« Nous constatons de jour en jour la répugnance croissante des plus conscients devant le mot à caractère viscéral, analogique ou incantatoire. Cependant, que l'adjectif optique, descriptif, celui qui se contente de mesurer, de situer, de limiter, de définir, montre probablement le chemin difficile d'un nouvel art romanesque. » (Alain Robbe-Grillet, *Pour un nouveau roman*, 1963)

Les nouveaux romanciers explorent les possibles du genre romanesque et multiplient les expériences littéraires permettant de rendre compte du monde. Des normes formelles apparaissent que Nathalie Sarraute énumère dans *L'Ère du soupçon* : refus de l'intrigue, des personnages, du dialogue commenté et surinterprété, l'intrusion du narrateur dans le récit, la description révélatrice, la succession chronologique des événements narratifs et le banal enchaînement logique des causes. La subjectivité s'exprime à travers le monologue intérieur, hérité de Édouard Dujardin et Virginia Woolf à partir de l'utilisation continue du discours indirect libre. Le lecteur lui-même n'est pas en reste puisqu'il est amené à participer.

Dans *L'Ère du soupçon*, Nathalie Sarraute explique le nouveau rapport qui lie l'auteur à ses personnages : « Non seulement ils se méfient du personnage de roman, mais, à travers lui, ils se méfient l'un de l'autre. Il était le terrain d'entente, [...] il est devenu le lieu de leur méfiance réciproque. »

Jean Ricardou renverse la conception même du genre romanesque : « Le roman n'est plus l'écriture d'une aventure mais l'aventure d'une écriture. »

De nombreux prix littéraires et distinctions ont été accordés aux auteurs des Éditions de Minuit. Ces prix ont favorisé la reconnaissance et la notoriété du mouvement :

- Samuel Beckett et Claude Simon reçoivent respectivement en 1969 et 1985 la plus haute distinction littéraire : le prix Nobel de littérature ;

- Alain Robbe-Grillet reçoit le prix Fénéon pour *Les Gommes* en 1955 (il participe à la création du prix Médicis) et est élu au siège 32 de l'Académie française en 2004 ;

- Nathalie Sarraute reçoit en 1982 le prix international de Littérature pour *Les Fruits d'or* ;

- Marguerite Duras reçoit le prix Goncourt en 1984 pour *L'Amant*.

DANS LA MÊME COLLECTION
(par ordre alphabétique)

- **Anonyme**, *La Farce de Maître Pathelin*
- **Anouilh**, *Antigone*
- **Aragon**, *Aurélien*
- **Aragon**, *Le Paysan de Paris*
- **Austen**, *Raison et Sentiments*
- **Balzac**, *Illusions perdues*
- **Balzac**, *La Femme de trente ans*
- **Balzac**, *Le Colonel Chabert*
- **Balzac**, *Le Lys dans la vallée*
- **Balzac**, *Le Père Goriot*
- **Barbey d'Aurevilly**, *L'Ensorcelée*
- **Barbey d'Aurevilly**, *Les Diaboliques*
- **Bataille**, *Ma mère*
- **Baudelaire**, *Les Fleurs du Mal*
- **Baudelaire**, *Petits poèmes en prose*
- **Beaumarchais**, *Le Barbier de Séville*
- **Beaumarchais**, *Le Mariage de Figaro*
- **Beauvoir**, *Mémoires d'une jeune fille rangée*
- **Beckett**, *En attendant Godot*
- **Beckett**, *Fin de partie*
- **Brecht**, *La Noce*
- **Brecht**, *La Résistible ascension d'Arturo Ui*
- **Brecht**, *Mère Courage et ses enfants*
- **Breton**, *Nadja*
- **Brontë**, *Jane Eyre*
- **Camus**, *L'Étranger*
- **Carroll**, *Alice au pays des merveilles*
- **Céline**, *Mort à crédit*

- **Céline**, *Voyage au bout de la nuit*
- **Chateaubriand**, *Atala*
- **Chateaubriand**, *René*
- **Chrétien de Troyes**, *Perceval*
- **Cocteau**, *La Machine infernale*
- **Cocteau**, *Les Enfants terribles*
- **Corneille**, *Le Cid*
- **Crébillon fils**, *Les Égarements du cœur et de l'esprit*
- **Defoe**, *Robinson Crusoé*
- **Dickens**, *Oliver Twist*
- **Du Bellay**, *Les Regrets*
- **Dumas**, *Henri III et sa cour*
- **Duras**, *La Pluie d'été*
- **Duras**, *Un barrage contre le Pacifique*
- **Flaubert**, *Bouvard et Pécuchet*
- **Flaubert**, *L'Éducation sentimentale*
- **Flaubert**, *Madame Bovary*
- **Flaubert**, *Salammbô*
- **Gary**, *La Vie devant soi*
- **Giraudoux**, *Électre*
- **Giraudoux**, *La Guerre de Troie n'aura pas lieu*
- **Gogol**, *Le Mariage*
- **Homère**, *L'Odyssée*
- **Hugo**, *Hernani*
- **Hugo**, *Les Misérables*
- **Hugo**, *Notre-Dame de Paris*
- **Huxley**, *Le Meilleur des mondes*
- **Jaccottet**, *À la lumière d'hiver*
- **James**, *Une vie à Londres*
- **Jarry**, *Ubu roi*
- **Kafka**, *La Métamorphose*
- **Kerouac**, *Sur la route*
- **Kessel**, *Le Lion*

- **La Fayette**, *La Princesse de Clèves*
- **Le Clézio**, *Mondo et autres histoires*
- **Levi**, *Si c'est un homme*
- **London**, *Croc-Blanc*
- **London**, *L'Appel de la forêt*
- **Maupassant**, *Boule de suif*
- **Maupassant**, *Le Horla*
- **Maupassant**, *Une vie*
- **Molière**, *Amphitryon*
- **Molière**, *Dom Juan*
- **Molière**, *L'Avare*
- **Molière**, *Le Malade imaginaire*
- **Molière**, *Le Tartuffe*
- **Molière**, *Les Fourberies de Scapin*
- **Musset**, *Les Caprices de Marianne*
- **Musset**, *Lorenzaccio*
- **Musset**, *On ne badine pas avec l'amour*
- **Perec**, *La Disparition*
- **Perec**, *Les Choses*
- **Perrault**, *Contes*
- **Prévert**, *Paroles*
- **Prévost**, *Manon Lescaut*
- **Proust**, *À l'ombre des jeunes filles en fleurs*
- **Proust**, *Albertine disparue*
- **Proust**, *Du côté de chez Swann*
- **Proust**, *Le Côté de Guermantes*
- **Proust**, *Le Temps retrouvé*
- **Proust**, *Sodome et Gomorrhe*
- **Proust**, *Un amour de Swann*
- **Queneau**, *Exercices de style*
- **Quignard**, *Tous les matins du monde*
- **Rabelais**, *Gargantua*
- **Rabelais**, *Pantagruel*

- **Racine**, *Andromaque*
- **Racine**, *Bérénice*
- **Racine**, *Britannicus*
- **Racine**, *Phèdre*
- **Renard**, *Poil de carotte*
- **Rimbaud**, *Une saison en enfer*
- **Sagan**, *Bonjour tristesse*
- **Saint-Exupéry**, *Le Petit Prince*
- **Sarraute**, *Enfance*
- **Sarraute**, *Tropismes*
- **Sartre**, *Huis clos*
- **Sartre**, *La Nausée*
- **Senghor**, *La Belle histoire de Leuk-le-lièvre*
- **Shakespeare**, *Roméo et Juliette*
- **Steinbeck**, *Les Raisins de la colère*
- **Stendhal**, *La Chartreuse de Parme*
- **Stendhal**, *Le Rouge et le Noir*
- **Verlaine**, *Romances sans paroles*
- **Verne**, *Une ville flottante*
- **Verne**, *Voyage au centre de la Terre*
- **Vian**, *J'irai cracher sur vos tombes*
- **Vian**, *L'Arrache-cœur*
- **Vian**, *L'Écume des jours*
- **Voltaire**, *Candide*
- **Voltaire**, *Micromégas*
- **Zola**, *Au Bonheur des Dames*
- **Zola**, *Germinal*
- **Zola**, *L'Argent*
- **Zola**, *L'Assommoir*
- **Zola**, *La Bête humaine*
- **Zola**, *Nana*
- **Zola**, *Pot-Bouille*